Alois von Brinz

Festrede zu Friedrich Karl von Savigny's hundertjährigem Geburtstage

Geburtstage

Gehalten am 21. Februar 1879 in der Aula der kgl.

Ludwig-Maximilians-Universität München

Alois von Brinz

Festrede zu Friedrich Karl von Savigny's hundertjährigem Geburtstage
Gehalten am 21. Februar 1879 in der Aula der kgl. Ludwig-Maximilians-Universität München

ISBN/EAN: 9783337336110

Hergestellt in Europa, USA, Kanada, Australien, Japan

Cover: Foto ©ninafisch / pixelio.de

Weitere Bücher finden Sie auf **www.hansebooks.com**

Festrede

zu

Friedrich Karl von Savigny's

hundertjährigem Geburtstage

gehalten

am 21. Februar 1879

in der Aula der kgl. Ludwig-Maximilians-Univerftät München

von

Dr. A. von Brinz

o. ö. Profeffor des röm. Civilrechts.

Hochanfehnliche Verfammlung!

Heute vor 100 Jahren wurde Friedrich Karl v. Savigny zu Frankfurt am Main geboren. Aber erft achtzehn Jahre find es, daß er noch unter den Lebenden war, und feine Werke liegen dermaßen aufgefchlagen vor uns, daß wir nicht nöthig haben, fein Andenken erft aufzufrifchen. Wohl dagegen ziemt uns, bei feinem hundert= jährigen Geburtstage das erfte Mal feit feinem Tode der Freude Ausdruck zu geben, fowohl darüber daß er unferer Fakultät einmal angehört hat, als darüber, daß er heute und immerdar der Jurisprudenz angehört und angehören wird. — Zwar nur 2 Jahre — 1808—1810 — vom 29. bis in's 31. Lebensjahr — war er Profeffor in Landshut; allein er war dort als das junge, der Jurisprudenz erft kurz zuvor in Marburg aufgegangene, weithin und freudig aufleuchtende Geftirn — als ein Mittel= punkt der edelften Strebungen, infonderheit auch von vaterländifchen, gegen den aus= wärtigen Bedränger gerichteten Hoffnungen —als ein zwifchen Einheimifchen und Fremden, Denken und Glauben, Altem und Neuem milde verföhnendes und nur dem Schlechten feindfeliges Element — als der Stolz der Univerfität und die Liebe der Studierenden. Nach übereinftimmender Schilderung feiner Schwägerin Bettina und des treuen Hausfreundes Nepomuk Ringseis war fein Abgang der Anlaß allgemeiner Konfter= nation und des rührendften Abfchiedes. Da war die ganze Univerfität vor feiner Thüre verfammelt; alle wollten den geliebten Lehrer, den fcheidenden Freund noch einmal fehen; zu Wagen, zu Pferd, und im Voraus zu Fuß gab man ihm weithin das Geleite; die Freiberg und Schenk, die Ringseis und Grimm, Gumpenberg und Salvotti fuhren mit ihm bis ins Salzburgifche. Auch verließ er Landshut nicht nur um den üblichen Turnus von der kleineren auf die größere Bühne zu durchlaufen: ein außergewöhnlicher Ruf war an ihn herangekommen. Es handelte fich in Berlin um Errichtung der neuen Univerfität und Akademie und um Aufrichtung des deutfchen

1 *

4

Geiftes zugleich; dazu war er durch Wilhelm v. Humboldt mit den Erften und
Beften unferes Volkes aufgefordert. Magnam sane per ejus abitum alma nostra
Academia jacturam fecit; fuit enim vir humanissimus aeque ac doctissimus,
carus omnibus qui eum noverunt. Secunda Maji ad meridiem urbi nostrae
valedixit et per Vindobonam Berolinum profectus est, insigne inde ab hoc
tempore futurus illius Universitatis ornamentum. So die Annalen unferer Univerfität.

Indeßen ift er nicht nur eine hervorftechende Zierde der Berliner Univerfität,
fondern ein Glanzpunkt der Wiffenfchaft felbft geworden. Was infonderheit die
Jurisprudenz anlangt, fo darf man fich nicht begnügen zu denken, daß er in ihr
groß geworden, fondern muß fagen, daß fie in ihm zu neuer Bedeutung gekommen
fei. Ich rede da nicht von der praktifchen Jurisprudenz, der man gerade in Deutfchland
von jeher, und früher vielleicht gründlicher als jetzt obgelegen ift. Allein fo weit die
Gefchichte des Denkens zurückreicht, ift das Recht nicht bloß um feiner praktifchen
Handhabung willen, fondern auch an fich als etwas Wiffenswerthes gedacht und zum
Gegenftande philofophifcher und gefchichtlicher, fage wiffenfchaftlicher Betrachtung
erhoben worden. Und nach diefer Seite, nach der der Rechtswiffenfchaft, ift die
Jurisprudenz in und durch Savigny zu neuer Bedeutung gekommen.

Vor Savigny war die Rechtswiffenfchaft man kann fagen nicht bei der
Jurisprudenz. Wenigftens nannten die Nichtjuriften das was die Juriften trieben
nicht Wiffenfchaft. Wenn freilich Hugo Grotius, oder Leibniz, oder Thomafius
rechtliche Fragen behandelten, fo ließ man das als Wiffenfchaft gelten; aber nicht
weil fie Juriften, fondern nur fo weit als fie Philofophen waren. Wenn ferner
Jakob Gothofred, Cornel van Bynkershoek oder Gerhard Noodt
ihre Kommentare, Obfervationen oder Traktate fchrieben, fo fchien allenfalls auch das
noch Wiffenfchaft zu fein: aber nur foferne es Hiftorie, oder Philologie, oder Anti-
quität, nicht infoferne es Jurisprudenz war; Leute die wie David Maevius,
Auguftin Leyfer oder Wolfgang Adam Lauterbach nichts als Juriften waren,
fchienen nicht hoffähig. Savigny dagegen war anno 1811 fo viel man fah noch
nichts als Jurift und dennoch Mitbegründer der Berliner-Akademie. Schon darin
liegt ein Beweis, daß in ihm die Jurisprudenz als folche das Anfehen einer Wiffenfchaft erlangt hatte. Haben die Juriftenfakultäten einft den heil. Jvo als den Patron
verehrt, der ihrer Zunft das Anfehen der Heiligkeit verleihe, fo betrachten wir heute
Savigny mit Fug und Recht als den Vindicius, der uns aus der vormundfchaftlichen
Gewalt der freien Künfte emancipirt, und die Rechtswiffenfchaft der Jurisprudenz vindizirt
hat. Die Savigny-Feier gleicht den von Savigny befchriebenen römifchen Liberalien,
an denen die Mündiggefprochenen zum erften Mal ohne den Tutor und in der toga

virilis erschienen. Wie das gekommen, was der entscheidende Grund jener Wirksamkeit
gewesen sei, scheint eine des heutigen Tages würdige, auch nicht so ganz leicht zu
beantwortende Frage zu sein. Unmittelbar vor und mit Savigny lehrten Männer
von großer Gelehrsamkeit; geschichtliche Behandlung predigte und übte Gustav Hugo,
ein historie-sprühender Vulkan, noch vor Savigny; die Entbindung des Systems von
der Pandektenfolge war schon vollzogen, das System selbst in hervorragenden Exem-
plaren noch aus der französischen Schule da; Literatur- und Quellenkenner wie
Weis und Haubold gab es damals mehr als heute. Gleichwohl denkt man fast nur
an S a v i g n y, wenn von der Wiedergeburt der Rechtswissenschaft am Eingange
dieses Jahrhunderts die Rede ist. Worin liegt der Grund dieser Erscheinung?

Ganz ohne ein Ding, von dem ich nicht weiß, ob es Schwäche oder Tugend
zu nennen sei, ist es dabei vielleicht nicht abgegangen. Savigny stammt aus einem
Schlosse gleichen Namens in Oberlothringen. Aus demselben waren im Lauf der
Jahrhunderte der berühmte A n d r e a s v. Savigny, Kreuzfahrer mit Richard Löwen-
herz, J o h a n n v. Savigny, Capitän von Rom unter Heinrich von Luxemburg her-
vorgegangen; aus ihm stammen ferner die Grafen von Metz, Lüneville und Daxburg,
und alle die erbgesessenen Herren und Ritter von Savigny her, welche bei der
Auflösung Lothringens mit dem Fürstenhause zu Deutschland stunden, protestantisch
geworden dahin auswanderten, in Leiningen, Nassau, Frankfurt hohe Aemter be-
kleideten, und endlich in Frankfurt a. M. in unserem J. K. v. Savigny den letzten
Sprossen hinterließen. Den Träger eines alten und edlen Namens entziehen wir
nun keineswegs unserer Verachtung, wenn er sich dieser würdig erweist; füllt er dagegen denselben aus, so lieben wir ihn doppelt. Als Savigny seinen Entschluß die
akademische Carriere einzuschlagen, seinen Lehrern und Commilitonen kundgab, erregte
das allgemeine Freude. Er schien von so vornehmer Stellung und Art, und war
überdies so reich begütert, daß man in jenem Entschluße einen Akt menschenfreund-
licher Herablassung erblickte. Daß er also zur Wissenschaft gewissermaßen hinabstieg,
ist vielleicht mit Ursache, daß sie in ihm emporstieg; es trug dazu bei, daß Alle und
die Besten stolz waren, ihn Freund, Kollegen, Lehrer oder Schüler nennen zu dürfen;
es wirkte mit, daß ihm für das daß und was und wie er arbeitete, lehrte und
schrieb, der lebhafteste Dank und die freudigste Anerkennung zu Theil wurde.
Indessen, bedenkt man daß ein Mann wie Niebuhr fernab in Italien der Anregung
und Belehrung, die ihm daheim aus dem Umgang mit Savigny entsprungen war,
sehnsuchtsvoll gedachte, — daß Jakob Grimm 20 Jahre nachdem er Savigny in
Marburg gehört und mit diesem die Schätze der Pariser-Bibliothek durchforscht hatte,
„Ihn als den Meister bezeichnete, in dessen Hochstraße einzumünden ihm reichlich
genüge," — besonders aber, daß ihm die eigenen Fachgenossen neidlos den ersten Platz

einräumten: so muß der äußere Zusatz den Savigny's Geltung hatte, vor deren wahrem Gehalte verschwindend gewesen sein; er glich der Legirung, welche der Münze Halt, aber nicht den Werth gibt.

Was Savigny den Werth gab, gelingt uns vielleicht noch mit Einem Worte auszusprechen, wenn wir zuvor wiederholen, daß nicht die Jurisprudenz, welche in der Anwendung des Rechtes besteht und eine Kunst ist, sondern die Jurisprudenz, welche der Anwendung vorausgeht und in bloßem Wissen besteht, und also die Anlage hat eine Wissenschaft zu sein, von Savigny gehoben und zum Ansehen einer Wissenschaft im höheren Sinne des Wortes erhoben wurde.   Das Ansehen dieser Wissenschaft hing wie das einer jeden anderen mit dem Ansehen ihres Objektes zusammen. Vor Savigny wurde das Objekt der Rechtswissenschaft, wenigstens von den Nichtjuristen, als kein so wie es ist und war erforschungswürdiges Ding betrachtet. In hohem Ansehen stunden Ideen, welche die Philosophen über das Recht hatten; viel war die Rede von der Weisheit der Gesetzgeber, die da erst kommen sollte; verachtet dagegen das wirklich gewordene Recht, — als ein Ding über das der Geist erst zu kommen, das ihn nicht in sich habe.   Das ist seit Savigny anders geworden; durch ihn hat das wirklich gewordene Recht und folgeweise die Rechtswissenschaft ein höheres Ansehen und eine neue Stellung gewonnen.

So kommt der Schwerpunkt der von uns in den Vordergrund gestellten Bedeutung Savigny's in die Natur des Rechtes zu liegen, und unsere Hauptaufgabe muß es sein, thatsächlich zu erproben, daß durch ihn das Recht selbst in einem höheren Lichte erschienen sei als zuvor.   Versuchen wir dies an den hervorragendsten Leistungen Savignys darzuthun. —

Wahrscheinlich im Zusammenhange damit, daß er seine akademische Laufbahn mit kriminalistischen Vorlesungen begonnen hatte, kündigte Savigny, in seinem 22. Lebensjahre, ein Exegetikum über die 10 letzten Digestenbücher, — darunter die libri terribiles — an.   Hier trat ihm alsbald der Titel de acquirenda vel amittenda possessione, also der Besitz, entgegen — ein Ding, das noch in der letzten Periode, man sagt in der schlechten Zeit des römischen Rechts, mitsammt dem klassischen Rechte und seinen republikanischen Unterlagen aus den alten Fugen gegangen, im Mittelalter aber in Folge der Privatisirung der öffentlichen, der Verweltlichung kirchlicher Gewalten zu neuen Objekten, infolge der Gewaltthätigkeit der Zeiten zu neuen Schutzmitteln, infolge der Berührung mit der deutschen Gewere zu verändertem Begriffe gekommen war.   Zwar hatte Justinian in dem oben erwähnten Digestentitel und in dem Interdiktenbuche den Besitz in seiner klassischen Gestalt wiederauferstehen lassen: allein trotzdem die Glossatoren am Buchstaben, die Humanisten am Alten hingen, und Donellus das Ding in seinen Grundzügen auch richtig dargestellt hatte:

der Besitz neuen Stiles hatte sich der Gemüther bemächtigt, war aus der Praxis in die Theorie gedrungen, und glich in den gangbarsten Darstellungen einem in römischen Grundmauern aufgeführten Gebäude späterer Zeit. Rasch nun aber und in aller Schärfe des Gegensatzes zu den späteren Zuthaten und Umbildungen stund der klassische Besitz vor Savigny's Augen fertig; binnen fünf Monaten legte er ihn blos, und that dies mit solcher Umsicht, Ruhe und Sicherheit, zugleich in solcher Anmuth und Klarheit des Ausdruckes, daß man anstatt des Jünglings einen altgeübten Kritiker und Exegeten und anstatt eines unleserlichen Juristen einen Klassiker vor sich zu haben meinte. Voll Bewunderung recensirt ihn Thibaut u. a. mit den Worten, daß das Werk alles in sich vereinige, was der Eigensinn des Schicksals sonst nur Wenigen (soll wohl heißen „nur vertheilt") zu verleihen pflegt." Die Theorie nicht nur, sondern größtentheils auch die Praxis lenkten in die von Savigny gewiesene Bahn ein. Das Buch hat sieben Auflagen erlebt — eine bei Monografien unerhörte Zahl. — Diese Restauration der Antike ist nicht ohne einiges Unrecht gegen die Produktion und Produktivität der Zwischenzeit abgelaufen, und auch hier ist, wie man 25 Jahre später aus dem Besitzesrechte von Bruns ersah, manches aus dem Tempel hinausgeworfen worden, was eine spätere Zeit vielleicht begierig auflesen und was zu einer weiteren und freieren Würdigung der Sache führen wird. Allein wenn jeder Zeit ihr Recht werden soll, so war die Krise, die sich in Savignys Buche vollzog, eine nothwendige; es mußte vor allem diejenige Formation, auf der unser heutiges Recht zumeist oder am erkennbarsten basirt, sondirt und in seiner Reinheit erhoben werden. Dafür war Savigny nun zum Vorbilde geworden; keine nennenswerthe Monografie auf dem Gebiete des römischen Rechtes hat sich seinem Einflusse entzogen; die berühmtesten und besten sind in seinem Geiste verfaßt. Mehr und mehr ist hiernach das römische Recht in seiner klassischen Ausprägung und bewußt als klassisches studiert worden; und der Glaube, daß jene Ideen und jene Weisheit, die man erst verkörpern und erleben zu müssen glaubte, besser als es irgend ein Solon oder Plato zu thun vermöchte, schon einmal verkörpert worden seien, hat allmälig auch unter den Nichtjuristen um sich gegriffen. —

Aber nicht nur das Recht als ein antiker Durchbildung theilhaftig gewordenes Produkt, sondern die Natur des Rechtes überhaupt ist durch Savigny zu tieferer und allgemeinerer Würdigung gelangt. Als sofort nach Abschüttlung des französischen Joches Thibaut mit dem Vorschlag eines Gesetzbuches hervortrat, in welchem das gesammte bürgerliche Recht, Kriminalrecht und Prozeß mitinbegriffen, politisch und technisch vollständig, und aber doch so einfach enthalten sein sollte, daß es fürder keiner besonderen Bildung mehr bedürfe, um seiner in vollem Umfange und lebendig habhaft zu werden, da legte sich Savigny mit seiner Schrift über den Beruf unserer Zeit zur Gesetzgebung sozusagen quer in den Weg. Es lehnte sich etwas in ihm auf bei dem Gedanken, daß der Nation ihr Recht in der Thibaut'schen Weise sollte vor= und zugeschnitten werden können. Er theilte Thibauts patrioti= schen Wunsch, dem befreiten Vaterlande nun auch sein eigenes Recht zu gewähren; allein während Thibaut, vielleicht noch im Zusammenhange mit Gedanken, von denen die französische Revolution erfüllt war, dafür eintrat, daß mit dem ungefügen Kolosse des vorhandenen Rechtes tabula rasa zu machen und ein Neubau zu führen sei, war Savigny der Meinung, daß man jenes widerspänstige Ding erst bändigen und sich unterwerfen müsse und etwa dann an eine Kodifikation gehen möge. In Deutschland theils eingeboren, theils angenommen, — theils in der Mutter= sprache das Herz bewegend, theils in fremder Form Verstand und Geist weckend liege das Recht noch ungeschlichtet, halbverstanden und halbverbunden um uns her; es bleibe nur übrig, entweder sich aufzuraffen, an seiner völligen Erschließung und inneren Verbindung zu arbeiten und daran uns selbst zu heben — oder aber dieses viel= tausendjährige, quellenreiche, unerschöpfliche Ding auf die Seite zu setzen und anstatt seiner einen byzantinischen Extrakt oder das bon plaisir eines Einzelnen oder einiger Weniger zum Nährvater unserer Kunst und Wissenschaft zu machen. Zur Probe dafür, wie wenig man dermalen in der Verfassung sei, jenen patriotischen Wunsch zu realisiren, nahm er die neuen Kodifikationen, den code Napoleon, das allgemeine preußische Landrecht und das österreichische allgemeine bürgerliche Gesetzbuch, eines nach dem anderen vor, und charakterisirte sie mit unwiderleglichen Argumenten als mehr oder minder abschreckende Beispiele.

Vielleicht nun ging seine Opposition auf der einen Seite zu weit, wenn er seiner oder irgend einer Zeit den Beruf zur Kodifikation absprach. Was er selbst den politischen Theil einer Kodifikation nennt, besteht in Erwägungen und Tendenzen, welche mit der Jurisprudenz nichts zu thun haben, wie die Zeiten kommen und gehen, und überall just dann befriediget werden wollen, wenn sie auftauchen. Insoferne hat jede Zeit den Beruf zur Gesetzgebung, und hat keine die Pflicht zu warten, bis wir mit unseren Studien fertig werden. Auf der anderen Seite ging Savigny vielleicht zu wenig weit, wenn er nur seiner Zeit den Beruf zur Kodifikation absprach. Die andere Seite unserer Kodifikationen nämlich, welche Savigny die technische nennt, ist nichts·anderes als die fachmännisch juristische, und die Bedenken, ob die Jurisprudenz jemals zur Gesetzgebung, d. h. ob das fachmännische Urtheil jemals zum legislatorischen Imperativ werden solle, bestehen, wenngleich von Wenigen getheilt, so doch fort. Nach ihrer politischen Seite also wäre Gesetzgebung im bürgerlichen Rechte stets, nach ihrer technischen dagegen vielleicht niemals indizirt. Unsere modernen Kodifikationen wollen es aber hauptsächlich nach der technischen Seite zu thun haben, und hauptſächlich gegen ſie war Savigny aufgeſtanden. Aber wie bemerkt, er wollte ſie nur vertagt, nicht ausgeſchloſſen wiſſen. Freilich, ſieht man in ſeiner Schrift nicht blos auf den tenor sententiae, ſondern auch auf die Entſcheidungsgründe, ſo wird klar, daß ſeines Herzens Meinung nicht nur auf Aufſchub, ſondern gegen Kodifikation überhaupt ging. Er ſah es klar vor ſich, und ſpricht es wortdeutlich aus, daß bei den Römern, ſo lange ſie ihre Juriſten hatten, von Kodifikation keine Rede war, und daß der Gedanke zu ihren ſpäteren Kodifikationen nur durch den äußerſten Verfall des Rechtes herbeigeführt wurde. Er muſtert die Zeiten nach ihrem Berufe zur Kodifikation und ſagt: Bei jugendlichen Völkern fehle es an der Sprache und logiſchen Kunſt; das Beſte können ſie meiſtens nicht ſagen; in ſinkender Zeit fehle es an der Sprache und an Kenntniß des Stoffes überdieß; ſonach bleibe nur die mittlere Zeit, der es weder an Sprache, noch Kenntniß, wohl aber am Bedürfniß nach einem Geſetzbuch fehle, welche alſo nur etwa im Intereſſe degenerirender Nachkommen — ſo zu ſagen fideikommiſſariſch — zur Kodifikation ſchreiten würde, dazu aber keine Zeit oder keine Neigung zu haben pflege. Seine Meinung war alſo nicht: Wartet noch eine Weile, und dann kodifizirt! — ſondern: Wartet noch eine Weile, und dann braucht ihr keine Kodifikation!

Ziemlich allgemein ſcheint man ihn aber in der erſteren Weiſe verſtanden zu haben. Dabei wird die Wartefriſt, die Savigny geſetzt hat, ſtillſchweigend als abgelaufen angenommen; man zweifelt nicht, daß die Vorarbeit gethan ſei, von der er das Gelingen des Werkes abhängig machte. Ein hervorragender Literar-Hiſtoriker nennt es einen herrlichen Kreislauf, daß Savigny uns einerſeits vor vorzeitiger Kodifikation behütet, uns aber anderſeits in den Stand geſetzt habe, dieſelbe nunmehr zu vollbringen. Nur denkt man dabei nicht etwa blos für degenerirende Nachkommen, ſondern für uns ſelbſt, und zwar aus dringendſtem Bedürfniſſe, zu handeln. — Das alles wäre vielleicht anders gegangen, wenn Savigny als Merkmal der guten Zeit anſtatt der Entbehrlichkeit der Kodifikation das Einſehen aufgeſtellt hätte, daß Geſetzgebung und Jurisprudenz zwei verſchiedene Funktionen haben, und daß beide nun und nimmermehr mit einander vermengt werden dürfen, und wenn für dieſen Satz Er aus der Fülle Seiner Anſchauungen und mit der Wucht Seiner Auktorität eingetreten wäre.

Indeſſen befand ſich Savigny noch in einer antipolaren Richtung gegen die damals über die Natur des Rechtes verbreiteten Vorſtellungen. Erſchien das Recht nach dieſen als etwas von oben herab und je nach dem Fortſchritte des philoſophiſchen Rechtsbegriffes Neuzuſetzendes, ſo ſtellten ſich Savigny und Eichhorn, wie nach ihnen die hiſtoriſche Schule überhaupt, gewiſſermaſſen ans andere Ende, ſah und begriff das Recht faſt nur in ſeinem von unten, wie die Sprache und der Glaube aus dem

Volke unbewußt quillenden und stabilen Elemente. Dabei kam ein Ding, das zum Rechte wesentlich mitgehört, und aber keineswegs von jener unbewußt naiven Art ist, die Jurisprudenz nämlich, etwas kurz weg. Savigny und seine Schüler handeln zwar viel vom „Recht der Wissenschaft"; aber wie aus diesem ihrem Rechte der Wissenschaft das tägliche Brod des Rechtes herkommen solle, so wie es aus der römischen Jurisprudenz thatsächlich hergekommen ist, das begreift, ehrlich gestanden, Niemand. Ganz und gar hingezogen von dem neu entdeckten, so zu sagen tellurischen Elemente des Rechtes, wandte man dem höchst konkreten und im Tageslichte vor unseren Augen arbeitenden Dinge der praktischen Jurisprudenz eine minder exakte Betrachtung zu, hatte wohl das Gefühl und sprach es auch aus, daß sie um Großes zu leisten aus dem Vollen arbeiten und durch kein ephemeres Gesetz unterbrochen und gebunden sein dürfe, hatte aber keine Formel und keinen Beweis hiefür. — Allein wie dem auch sein möge: ob Savigny in dem „Beruf unserer Zeit" Alles gesagt was zu sagen war, oder das Meiste, ob die Folgerungen, welche er aus der Natur des Rechtes zog zu weit oder zu wenig weit gingen; für uns genügt, daß er das natur g e s c h i c h t l i c h - positive Element des Rechtes erkannt, und gegen das natur p h i l o s o p h i s c h e zur Anerkennung gebracht, — daß er damit der Rechtswissenschaft auch noch etwas von dem lustre der Naturwissenschaft verschafft — daß er die heutige Kodifikation sich wenigstens auf vorhandenes Recht zu beschränken bewogen — und daß er von der Altehrwürdigkeit und inneren Beständigkeit der Rechtsschöpfung erfüllt ihr Studium in jenem Buche so bewegend empfohlen hat, daß wir jung sein möchten, um es von vorne anzufangen.

Wir kommen an dritter und letzter Stelle auf die zwei großen Arbeiten Savigny's — auf die Geschichte.des römischen Rechtes im Mittelalter und auf das System des heutigen römischen Rechts zu sprechen. Sie liegen zeitlich so weit als möglich, sachlich fast scheint es zusammenhangslos auseinander. Hier das Civilrecht, dessen wir uns heute noch bedienen, dort die Rechtsquellen und die Gerichtsverfassung, die Rechtsschulen und die Literatur unter Römern und Romanen vom fünften bis in's fünfzehnte Jahrhundert. Das bis zum Schluße des allgemeinen Theiles fertige, vom besondern Theile dagegen nur 2 Bände Obligationenrechts enthaltende System erscheint bis zum 10. Bande vom Jahre 1840 bis 1853, also vom 61. bis 74. Lebensjahre des Verfassers; die Geschichte des r. R. i. M. A. dagegen erschien in den 6 Bänden der ersten Auflage von 1815-1831, reicht aber ihrem Unternehmen und der Ausführung nach bis in des Verfassers Jünglingsjahre zurück. Von seinem Lehrer W e i s in Marburg hatte er eine Richtung auf die Glossatorenzeit erhalten. Noch Student machte er bei kurzem Aufenthalt in Göttingen die Göttinger mit einer dortigen Institutionenhandschrift und „mit Authentilen zu den Institutionen bekannt, von

welchen Niemand etwas gesagt hatte, doch wohl schwerlich, weil man sie für allgemein
bekannt hielt", bemerkt Hugo. Schon in seiner literarhistorischen Einleitung zum
Rechte des Besitzes blicken wir zu dem 23jährigen Verfasser mit der Ahnung empor,
daß dieser Skizze der Besitzesliteratur ein Entwurf der Gesammtliteratur zu Grunde
liege. So eben vermählt, im fünfundzwanzigsten Lebensjahre, nimmt er Urlaub zu einer
Hochzeitsreise in die Bibliotheken Deutschlands und schließlich nach Paris, wohin ihm,
als Admanuensis, Jakob Grimm folgt. Bei der Einfahrt nach Paris wird ihm ein
Koffer entwendet, just derjenige, in welchem die bisherige Frucht seiner Gelehrtenreise
enthalten war. Allein von diesem Verlust bekommt der Leser nichts zu verspüren.
Die Geschichte des r. R. im M. A. ist eine Fundgrube von Notizen, Untersuchungen,
Schilderungen über eine große Zahl neuentdeckter Handschriften, und wenig oder gar
nicht bekannter Bücher. Dort im System arbeitet er im Centrum, hier auf der
Peripherie der Rechtswissenschaft; es ist äußere, ja äußerste Rechtsgeschichte, die er
in diesem Werke vollendetster Objektivität aus den dunkelsten Jahrhunderten heraus-
arbeitet; es ist praesentes, materielles Recht, was er in seinem System auf die
Quellen zurückführt. So grundverschieden aber beide Werke demnach zu sein scheinen,
besteht doch zwischen beiden ein Zusammenhang, tief begründet sowohl in der Natur
des Rechtes, als in der des Verfassers.

So sehr als irgend ein Objekt menschlichen Betrachtens und Erkennens hat
nämlich das Recht seinen historischen Aufriß und seinen dogmatischen Durchschnitt.
Das ist nicht so zu denken, als ob beides auseinander läge, und als ob der Eine
den historischen, der Andere den dogmatischen Theil besorgen könnte — etwa wie der
Zimmermann den Dachstuhl, und der Maurer den Grundstock — sondern so daß
kein Dogma ohne historische Bewegung und keine historische Bewegung anders als
im Dogma zu denken, hiernach in der Rechtswissenschaft nichts zu fördern ist, es
wäre denn, daß auf jedem Punkte die historische und dogmatische Seite zugleich ver-
folgt wird. Das ist es was Savigny oft, am prägnantesten dünkt mir, da ausge-
sprochen hat, wo er von dem „zweifachen wissenschaftlichen Sinn", (dem historischen
und systematischen) mit der Bemerkung spricht, daß er sich in den Juristen des 18.
Jahrhunderts ungemein wenig finde; die Verbindung von Dogma und Geschichte ist es,
was er auf dem Gebiete des römischen Rechtes aber auch in größerem Maßstabe als sonst
wer bethätiget und zur Geltung gebracht hat. Die historische Schule, welche sich an seinen
und Hugo's Namen knüpft, hat ihren Namen vom Gegensatze gegen die philosophische
Spekulation, nicht gegen die Dogmatik. Die von Savigny und Eichhorn gegründete Zeit-
schrift für geschichtliche Rechtswissenschaft enthält naturgemäß auch Handlangerarbeiten,
überwiegend aber wahrhafte Aufklärungen des Neuen aus dem Alten. Die Jünger
dieser Schule entfalten alle den zweifach wissenschaftlichen Sinn, wenn er auch

2 •

12

nicht bei allen so gleichmäßig ausgeprägt ist wie etwa bei Keller und B. Holl-
weg, sondern bei Manchen die dogmatische Neigung überwiegt, wie bei Puchta
und Arndts, bei Anderen die historische, wie bei Rudorff und Dirksen. Der
Meister selbst schien nach dem Verlauf seiner Studien und als gar seine Geschichte
des r. R. im M. A. erschien, mehr und mehr einer einseitigen historischen Richtung
verfallen zu sein; da überraschte er die Welt mit einem Systeme, das zwar einer-
seits viel historischer ist, als alle bisherigen Werke dieser Art, allein anderseits für
das was Rechtens ist, und für das Bedürfniß nnd die Erscheinungen der Neuzeit
einen viel offeneren Sinn und ein viel gesünderes und gründlicheres Verständniß hat,
als es die vom blos praktischen Standpunkt aus angelegten Kompendien und Hand-
bücher an den Tag legten. Ja darin, daß in ihm das Recht der Neuzeit zu seinem
Rechte gelangt, hat dieses Savigny'sche System den Mittelpunkt seiner Strebung und
seinen Zusammenhang mit der Geschichte des römischen Rechts im Mittelalter. In
dem römischen Rechte des Mittelalters sieht er in Folge seiner Grundanschauung,
daß alles Recht Volkseigenschaft sei, nicht ein recipirtes, fremdes Recht, sondern das
Recht eines im Abendlande noch fortexistirenden römischen Volkes, so denn auch ein
nationales, dem Abendlande gemeinsames Recht. Erst im sechszehnten Jahrhundert
beginne eine schärfere Absonderung der Nationen, und namentlich auch in Deutschland eine theils auf römischen theils auf germanischen Grundlagen beruhende eigene
und besondere Rechtsentwicklung. Wollte die Geschichte des römischen Rechts im Mittelalter also noch national römisches Recht zunächst in seinen spärlichen Manifesta-
tionen von Romulus Augustus bis auf Irnerius, und dann in seiner Restauration
durch die Glossatoren und Postglossatoren zur Darstellung bringen, so gibt das
System nun zwar auch römisches, aber nur das durch unsere Verarbeitung spezifizirte und
durch Spezifikation unser gewordene römische Recht. Sein System und jenes Ge-
schichtswerk bilden zu sammen den historischen Aufriß und dogmatischen Durchschnitt
des römischen Rechtes in seinem posthumensten vom 5. Jahrhundert n. Chr. bis in
die Gegenwart sich erstreckenden Dasein.

Es ist mir nicht möglich, in Kürze der Zeit auf die Bedenken einzugehen, zu
denen der Titel und der Inhalt und die Idee des „römischen Rechtes im Mittelalter"
Anlaß gegeben haben; noch vermag ich die unsterblichen Verdienste zu schildern, die
dem Verfasser gerade dieses Werkes ungeschmälert bleiben, selbst wenn der Titel des-
selben zu vielsagend und die ihm unterlegte Idee von mystischer Zuthat nicht ganz
frei sein sollte, wenn in demselben mehr nur die Bausteine herbeigeschleppt als das
Gebäude selbst fertig gestellt, — wenn das römische Recht seit seiner Restauration im
12. Jahrhundert doch mehr auf internationaler und bewußter That, als auf natio-
nalem Instinkt beruhen sollte. Es bleibt mir nur übrig zusammenfassend zu wieder-

holen, daß Savigny durch seinen „Besitz" die Klassizität, durch den „Beruf unserer Zeit zur Gesetzgebuug" die Nativität, durch seine zwei großen Werke so wie durch seine in 4 Bänden gesammelten Aufsätze gemischten Inhalts die Dupli= zität des in unlöslich geschichtlich-dogmatischer Verbindnng begriffenen Rechtes zur Anerkennung auch in nicht juristischen Kreisen gebracht und damit den Glauben an einen wissenschaftlichen Charakter der Rechtswissenschaft begründet hat.

Also dürfen wir Savigny als den produktivsten Rechtsgelehrten dieses Jahr= hunderts, vielleicht als den produktivsten in der ganzen Zeit seit der Reception des römischen Rechtes bezeichnen. Er vereiniget den Cujacius und Donellus in Einer Person. Diesem letzteren, seinem Liebling, kann er sein eigenes, lichtvolles Shstem entgegen= halten. Meint ja doch Eduard Laboulay, die Darstellung sei in demselben von der Art, wie sie bei den Franzosen selbst eine Seltenheit, bei einem Deutschen aber ein Wunder sei. Gleich Cujacius aber ist er nicht blos Erklärer sondern auch Spürer und Finder von Quellen; wie an Cujacius die neuen Funde von Ulpian, der Basiliken, des Codex Theodosianus anschließen, so kann man Savigny nicht blos als den Ent= decker der Turinerglosse und der exceptiones Petri, sondern wie Hugo meint auch als den Entdecker des Gajus, unseres rarsten Schatzes, hinstellen; denn von Savigny ging in diesem Jahrhundert jene Bewegung aus, in der Niebuhr bei seiner Abreise nach Italien von Savigny mit den Worten Abschied nahm: „ich verspreche es Ihnen aus der ersten Stadt, in der ich aussteige, schicke ich Ihnen einen Ihrer alten Ju= risten." Soweit Savigny als Gelehrter. „Fast noch größer", bemerkt Rudorff, „war er als Lehrer". „Ich habe nie und nirgend einen schöneren, vollendeteren Lehrvortrag gehört", sagt Arndts in einer Gedenkrede an Savigny. Jakob Grimm meint: Ich kenne keinen Vortrag der auf mich einen tieferen Eindruck ge= macht hätte, als die Vorlesungen von Savigny. Mich dünkt, was seine Zuhörer so sehr anzog, war die Leichtigkeit und Lebhaftigkeit des Vortrags mit so viel Ruhe und Mäßigung vereint. Savigny sprach aus dem Stegreif und zog nur selten die aufgeschriebenen Bemerkungen zu Rath. Seine stets klaren Worte, die Wärme seiner Ueberzeugung und dabei eine Art von Zurückhaltung, von Mäßigung im Ausdruck, brachte eine Wirkung hervor, die sonst nur der Erfolg der mächtigsten Beredsamkeit ist." Was hier Grimm Zurückhaltung nennt, scheint in der späteren Zeit zugenom= men zu haben; in seinen jüngeren Jahren entzückte Savigny seine Zuhörer dermaßen daß sie sich, erzählt man, nach dem Kollegium vor Freude in die Arme fielen.

Bei solcher Vollendung in Schrift und Lehre erklärt sich leicht, daß heute noch sein Name den aller anderen Juristen überstrahlt. „Es sind nicht tausend Dichter" sagt seine geistreiche Schwägerin, „es ist nur Einer, die anderen klingen ihm nur nach, klingen mit." Was damit für die Poesie behauptet wird, scheint Sinn und Verstand auch für die Prosa zu enthalten.

Darf ich nach all dem noch die Frage nach den Mitteln und Wegen auf=
werfen, auf welchen Savigny zu so großer Leistung gelangte, so hatten diese ihren Urgrund zweifelsohne in seiner Natur. Wir werden annehmen müssen, daß da er im Alter von 15 Jahren im Hause seines Vormundes, des Reichskammergerichtsassessors Herren von Neurath zu Wetzlar, von diesem nebst dessen Söhnen in allen Zweigen des positiven Rechts unterrichtet wurde, seine eigene innere Natur derart praeparirt und beschaffen war, daß die des Rechtes in ihm einen tieferen und getreueren Eindruck machte, als in irgend einem seiner Zeitgenossen. Ueberhaupt dürfte, was wir, in Kunst und Wissenschaft, Produktivität nennen, in der That Rezeptivität, und was hier und dort zum Ausdrucke gelangt, vorher Eindruck sein. Fragt man, wie denn in dem anderen Frankfurter=Kinde die deutsche Dichtung empor kam, so wird man kaum anders sagen können als: dadurch daß sein Gemüth die Welt voller und wahrer und von einer tieferen und schöneren Seite auffing, als es in einem Deutschen bis dahin der Fall gewesen war. Dürfte man das Wort Natürlichkeit nicht nur von der Schlichtheit und Wahrheit verstehen mit der das Innere zum Ausdruck, — son=
dern auch von der Schlichtheit und Wahrheit mit der das Aeußere zum Eindruck ge=
langt, so wären Goethe und Savigny gleichmäßig durch Natürlichkeit ausgezeichnet gewesen. So bestund dünkt uns Savigny's Wesen in einer derart großen Positivität, Schönfühligkeit und Volksmäßigkeit, daß ihm die Realität, Klassizität und Urwüch=
sigkeit des Rechtes sofort als es an ihn herantrat einleuchtete und seine ganze Kraft daran zu setzen ihm zur Lust ward. — Denn wie bemerkt, zwar Urgrund aber nicht einziger Grund seiner Größe war seine Natur. Sofort darin gehen der Dichter und der Forscher auseinander, daß jener die Welt in sich hat, dagegen dieser sie erst er=
wirbt. Ohne gewaltige Arbeitskraft und eben so gewaltige Arbeit selbst würde Savigny's Natürlichkeit kaum weiter gediehen sein, als daß etwa anno 1823 anstatt 1803 sein Besitz, hernach aber einige Aufsätze oder auch nichts weiter erschienen wäre. So nun aber sind seine Werke die Zeugen nicht nur einer ungewöhnlich glücklichen Natur, sondern auch einer in den Jünglingsjahren begonnenen und erst im hohen Greisen=
alter ermüdeten Arbeit. Aber nicht nur seine Werke sind Zeugen. Haneberg, der wahrlich wußte, was „arbeiten" heiße, sprach in meinen jungen Jahren derart von Savignys unaufhörlichem „Schaffen", daß ich mir den Mann von da an lange fort nicht ohne Studierlampe zu denken vermochte. Sein Bericht schöpfte aus einer Quelle, von der auch folgendes herrührt: „Der Klement (Brentano nämlich) klagt (zwar —
über Savigny nämlich) und meint er habe immer seine Antwort von ihm erhalten auf all sein Vertrauen und habe sich immer zurückgestoßen gefühlt — und der Savigny ließe

gleichsam das Tretrad der Studiermaschine so lange aus Höflichkeit stehen bis einer ausgeredet habe; er habe sich oft geärgert, daß wenn er zu ihm in's Zimmer kam um ihm was warm mitzutheilen, so habe er keine Antwort, nur Gehör erlangt, und kaum sei er draus gewesen, so rumpelte die Studiermaschine im alten Gleise" (Bettina Arnim: Die Günderode 2. Thl. S. 206).

Läge nicht nur das Studium sondern das ganze Leben dieses Mannes, wenn auch nur in seinen 2 Landshuter Jahren ausgebreitet vor uns: z. B. sein Verkehr mit Sailer und sein Verhältniß zu den Studierenden, so würde sich zeigen, daß in der Jurisprudenz seine Arbeit, nicht aber auch seine Seele aufging; daß er mit derselben Stärke, mit der er sein Talent in Arbeit anlegte, die von der Mutter geerbte und genährte Religiosität in moralische Herrschaft über sich selbst umsetzte, und daß zu dem allem reinste Herzensgüte hinzukam. „Du fragst mich nach Savigny: der ist eben wie immer; die höchste Güte leuchtet aus ihm, die höchste Großmuth, die größte Nachsicht, die reinste Absicht in allem, das edelste Vertrauen zu dem Willen und Respekt vor der individuellen Natur." So schreibt Bettina an die Günderode in der Marburger Zeit. Aus Landshut aber an Goethe folgendes: „Ich kann dir nicht genug beschreiben, wie groß Savigny's Talent ist, mit jungen Leuten umzugehen; zuvörderst fühlt er eine wahre Begeisterung für ihr Streben, ihren Fleiß; eine Aufgabe .. wenn sie gut behandelt wird, .. macht ihn ganz glücklich, er möchte gleich sein Innerstes mit jedem theilen, er berechnet ihre Zukunft ihr Geschick und ein leuchtender Eifer der Güte erhellt ihnen den Weg; man kann von ihm wohl sagen, daß die Unschuld seiner Jugend auch der Geleitsengel seiner jetzigen Zeit ist, und das ist eigentlich sein Charakter, die Liebe zu denen, denen er mit den schönsten Kräften seines Geistes und seiner Seele dient." Am beherzigungswerthesten aber für Alle, die wir ihm nachstreben sollen, ist Savigny's eigenes und unmöglich anders als aus eigener Erfahrung geschöpftes, an unseren Scheurl gerichtetes Wort: daß „der wahre und wesentliche Erfolg menschlicher Thätigkeit vorzugsweise von sittlichen Kräften abhängt, deren Reinheit und Energie höher gestellt werden muß, als das oft weit mehr scheinbare und gepriesene Talent."

Zahlreiche Savignyfeiern haben schon stattgefunden; von Säkularfeiern ist diese die erste. Was werden in 100 Jahren die nach uns thun? Savigny selbst erwog einmal das Schicksal seiner Werke, und äußerte das Selbstvertrauen, daß insonderheit sein System fruchtbare Keime der Wahrheit enthalte, die vielleicht erst in Anderen ihre volle Entwicklung finden und zu reifen Früchte gedeihen werden; wenn dann über der neuen reicheren Entfaltung seine Arbeit in den Hintergrund trete, ja vergessen werde, so liege daran wenig; das einzelne Werk sei so vergänglich, wie der einzelne Mensch in seiner sichtbaren Erscheinung; aber unvergänglich der durch die Lebensalter der

Einzelnen fortschreitende Gedanke, der uns Alle, die wir mit Ernst und Liebe arbeiten, zu einer großen, bleibenden Gemeinschaft verbinde, und worin jeder, auch der geringe Beitrag des Einzelnen sein dauerndes Leben finde. Savigny nahm für sich wenig, für seine Sache Alles in Anspruch. Voll Zuversicht glaubte er an ihren Fortschritt. Wir hier haben keinen Blick in die Zukunft; wir haben nur den Wunsch, daß der Erreichung des von Savigny gewiesenen Zieles nichts hindernd in den Weg treten möge; einzig auf die Vergangenheit unserer Wissenschaft gerichtet aber sagen wir: Größer als sein Verdienst war keines.

———

DIE GESELLSCHAFT

ZUR

BEFÖRDERUNG

DES

GUTEN UND GEMEINNÜTZIGEN

IN

BASEL

WÄHREND DER ERSTEN HUNDERT JAHRE IHRES BESTEHENS

FESTSCHRIFT ZUR SÄKULARFEIER

IM AUFTRAGE DES VORSTANDES VERFASST

VON

DR. AUGUST VON MIASKOWSKI

PROFESSOR DER STAATSWISSENSCHAFTEN IN BASEL

Was ist guot? Das sich gemeinet. Den heissen wir
einen guoten menschen, der gemein und nütz ist.

Aus einer Predigt Meister Eckards, † 1327

Nimm dir's zur Lehre, Pracht;
Nur einmal fühle, was der Arme fühlt,
Dass deinen Überfluss auf ihn du schüttest
Und zeigst, es giebt Gerechtigkeit im Himmel.

Shakespeare, König Lear

.

www.ingramcontent.com/pod-product-compliance
Lightning Source LLC
Chambersburg PA
CBHW031156090426
42738CB00008B/1369

978-3-33733-611-0

Festrede zu Friedrich Karl von Savigny's hundertjährigem Geburtstage
- Gehalten am 21. Februar 1879 in der Aula der kgl.
Ludwig-Maximilians-Universität München ist ein unveränderter,
hochwertiger Nachdruck der Originalausgabe aus dem Jahr 1879.
Hansebooks ist Herausgeber von Literatur zu unterschiedlichen
Themengebieten wie Forschung und Wissenschaft, Reisen und
Expeditionen, Kochen und Ernährung, Medizin und weiteren Genres.
Der Schwerpunkt des Verlages liegt auf dem Erhalt historischer
Literatur. Viele Werke historischer Schriftsteller und Wissenschaftler
sind heute nur noch als Antiquitäten erhältlich. Hansebooks verlegt
diese Bücher neu und trägt damit zum Erhalt selten gewordener
Literatur und historischem Wissen auch für die Zukunft bei.

ISBN/EAN: 978-3-33733-611-0

hanse